W0054506

Dinosaurier

und Tiere der Urzeit

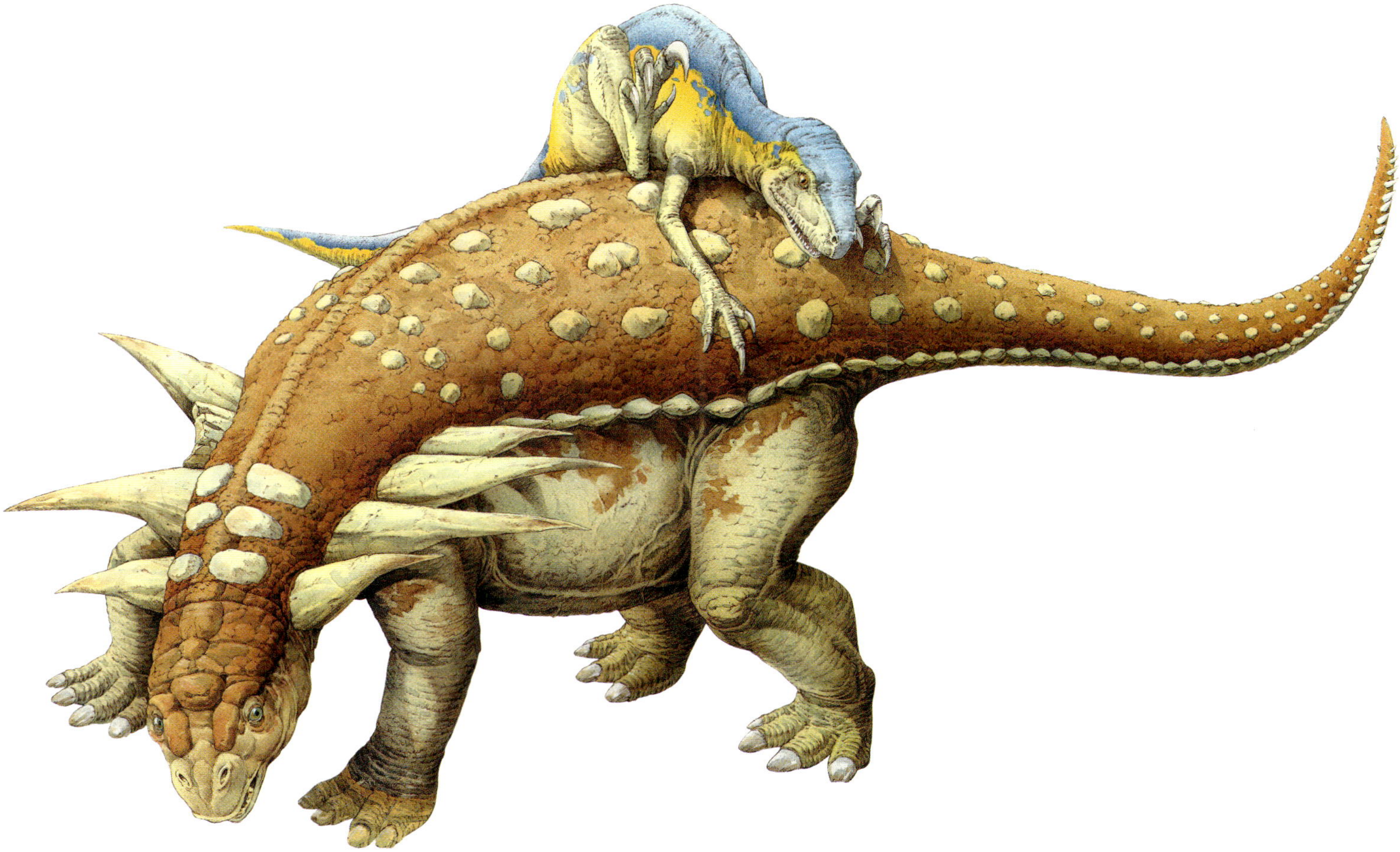

Tessloff Verlag

Idee und Konzeption Rachel Coombs, Nicholas Harris, Sarah Harrison, Sarah Hartley, Emma Helbrough, Orpheus Books Ltd.

Text Nicholas Harris

Fachberatung Professor Michael Benton, Fachbereich Geologie, Universität Bristol

Übersetzung Lioba Schafnitzl

Illustrationen Inklink Florenz, Nicki Palin, Gary Hincks, Peter Dennis

Copyright © 2005 Orpheus Books Ltd.
2 Church Green, Witney, Oxfordshire, OX28 4AW

Copyright © 2005 (deutsche Ausgabe)
Tessloff Verlag, Nürnberg

Alle Rechte vorbehalten. Kein Teil dieses Werks darf ohne schriftliche Einwilligung des Verlages in irgendeiner Form (durch Fotokopie, Mikrofilm oder ein anderes Verfahren) reproduziert oder unter Verwendung elektronischer Systeme verarbeitet, vervielfältigt oder verbreitet werden.

ISBN 3-7886-1443-9

INHALT

EINLEITUNG

Unsere Erde ist 4,6 Milliarden Jahre alt. Vermutlich vor mehr als 3,5 Milliarden Jahren entstand das erste Leben: Mikroorganismen, die weder Pflanze noch Tier waren. Vor 230 Millionen Jahren entwickelten sich die ersten Dinosaurier. Einige dieser Reptilien waren die mächtigsten und beeindruckendsten Kreaturen, die die Welt je gesehen hat.

WIE DIE ERDE ENTSTAND

Die Gesteinstrümmer sammelten sich in der Umlaufbahn der Erde, die so heiß war, dass sie rot glühte (3).

Später kühlte die Erdoberfläche ab und wurde zu festem Gestein. Aus den Trümmern bildete sich der Mond (4).

Kurz nach ihrer Entstehung stieß die Erde mit einem kleineren Planeten zusammen (1), der beim Aufprall explodierte (2).

Wie alle anderen Planeten unseres Sonnensystems entstand auch die Erde vor etwa 4,6 Milliarden Jahren. Zunächst gab es auf ihr weder Wasser noch Leben. Aus dem All hagelten große Gesteinsbrocken (Meteoriten) herab. Erste Lebensformen entstanden vor 3,5 Milliarden Jahren.

DAS SONNENSYSTEM

Ursprünglich wirbelten Milliarden kleiner Steinbrocken um die Sonne. Sie verdichteten sich zu großen kugelförmigen Planeten.

Die Erde war zunächst ein trister Ort. Aus dem Erdinneren strömten über Vulkane Gase aus – darunter auch Wasserdampf. So bildeten sich Wolken (5) und Regen fiel herab. In vielen Jahrmillionen füllten sich die Vertiefungen der Erdoberfläche mit Wasser und die ersten Meere entstanden (6).

Wasser ist die Grundlage jeden Lebens. Die ersten Lebensformen haben sich wahrscheinlich in flachen warmen Meeren entwickelt.

4

5

6

DIE ERSTEN LEBEWESEN

Die ersten Lebewesen entstanden in den Meeren, nicht auf dem Land. Es waren einfache Mikroorganismen, die man Bakterien nennt. Die ersten Tiere, die sich auf der Erde tummelten, waren Geschöpfe ohne Skelett wie Quallen und Würmer.

Quallen

Anomalocaris

Hallucigenia

Wiwaxia

DIE KAMBRISCHEN MEERE

Die ersten Tiere mit einer harten Schale oder einem Kalkgehäuse entwickelten sich vor etwa 570 Millionen Jahren. Sie markieren den Beginn eines Zeitalters, das Wissenschaftler das Kambrium nennen.

In den warmen flachen Gewässern lebten Schalentiere, Korallen, Seesterne, Weichtiere und Schwämme. In den Meeren des Kambriums schwammen einige sehr merkwürdige Wesen, wie etwa das Opabinia mit seinen fünf pilzförmigen Augen.

Pikaia

Trilobit

Opabinia

Sanctacaris

Leanchoilia

Eines der Geschöpfe aus den Kambrischen Meeren namens Pikaia war halb Wurm und halb Fisch. Es war möglicherweise der Vorfahre aller Wirbeltiere wie der Reptilien, Vögel und Säugetiere.

DIE ERSTEN FISCHE

Die Wasserskorpione der Urzeit waren gefährliche Räuber. Sie huschten flink über den Meeresboden und jagten mit ihren Zangen nach kleinen Fischen.

Die ersten Fische hatten weder Flossen noch Kiefer. Sie schwammen mit geöffnetem Maul und saugten so die Nahrung ein.

Trilobiten krabbelten nicht nur auf dem Meeresgrund. Mit ihren vielen Füßchen konnten sie auch durch das Wasser paddeln.

Urzeitfische besaßen einen Knochenpanzer, der sie vor Angreifern schützte.

TRILOBITEN

Trilobiten entwickelten sich in den Meeren des Kambriums. Diese Urkrebse waren über 250 Millionen Jahre lang weit verbreitet. Typisch sind die zwei länglichen Furchen, die ihren Körper in drei Teile gliederten. Mit ihren Füßchen schaufelten die Trilobiten Futter in ihr Maul. Einige Arten konnten sich bei Gefahr zu einer Kugel zusammenrollen.

FISCHE MIT KIEFERN

Über Jahrmillionen hinweg entwickelten sich bei den Fischen Flossen. Sie erleichterten die Steuerung und erhöhten die Schnelligkeit. Manche Fische besaßen bereits Kiefer mit Zähnen. So konnten sie sich nun auch von anderen Meeresbewohnern ernähren.

Dunkleosteus war ein neun Meter langer Meereskoloss. Statt Zähnen trug er mächtige Knochenplatten im Maul, die er wie scharfe Klingen einsetzte.

STEINKOHLEWÄLDER

Vor etwa 350 Milli-onen Jahren bedeck-ten feuchtwarme Sumpf-wälder weite Teile der Erde. Gigantische Libellen schwirrten durch die Lüfte. Im sumpfigen Untergrund versteckten sich riesige Hundertfüßer und Amphibien. Damals bildeten sich unsere Kohle-vorkommen. Sie entstanden unter hohem Druck aus Torf, einer dunklen Erde, die sich aus abgestorbenen Pflanzenteilen entwickelt.

Dendrerpeton
(Urzeitamphibie)

AMPHIBIEN

Manche Fische, die so genannten Fleischflosser, besaßen feste Flossen. Sie nutzten sie auch, um damit an Land zu krie-chen. Irgendwann kehrten diese Tiere nur noch zur Eiablage ins Wasser zurück. Die ersten Amphibien hatten sich entwickelt.

Hylonomus
(Urzeitreptil)

Riesen-
hundertfüßer

Riesenlibelle

DIE ERSTEN DINOSAURIER

Einige Amphibien-arten legten ihre Eier schließlich auf dem Land ab. Da sie nun vom Meer unabhängig waren, verbreiteten sich diese Tiere, die ersten Reptilien, auf dem ganzen Festland. Manche Arten konnten sich auf zwei Beinen fortbewegen. Aus ihnen entwickelten sich die ersten Dinosaurier, wie der flinke Coelophysis.

Heutige Reptilien (*oben*) haben seitlich abgewinkelte Beinpaare. Die Beine eines Dinosauriers waren gerade und standen unter dem Körper.

WAS IST EIN DINOSAURIER?

Dinosaurier waren Landreptilien der Trias-, Jura- und Kreidezeit (vor 250 bis 65 Millionen Jahren). Anders als viele Reptilien standen ihre Beine gerade unter dem Körper. Viele liefen auf zwei Beinen. Meeressaurier und Flugreptilien (Pterosaurier) zählen nicht zu den Dinosauriern.

Pterosaurier

Coelophysis

Technosaurus

DINOSAURIER DER JURAZEIT

Die ersten Dinosaurier waren Fleischfresser. Im Jura gab es aber bereits viele Pflanzen fressende Arten. Darunter auch die Stegosaurier (Stacheldinosaurier) mit ihren typischen Rückenplatten sowie die riesigen langhalsigen Sauropoden (Riesendinosaurier). Sie waren eine bevorzugte Beute des zwölf Meter langen Allosaurus.

Ornitholestes

DIE ERSTEN VÖGEL

In der Jurazeit erschienen die ersten Vögel. Man nimmt an, dass sie sich aus kleinen Fleisch fressenden Dinosauriern entwickelten, von denen manche Federn trugen.

Urvogel Archaeopteryx

Diplodocus (langhalsiger Sauropode)

Stegosaurus

Allosaurus

Allosaurus

Camarasaurus

PFLANZEN FRESSENDE DINOS

Der Brachiosaurus war ein gigantischer, Pflanzen fressender Sauropode. Seine enorme Größe, er war größer als ein vierstöckiges Haus, schützte ihn vor Angriffen. Das kleine Hypsilophodon lebte in Herden. Bei Gefahr musste es sich auf seine Schnelligkeit verlassen.

Brachiosaurus

Acrocanthosaurus

Iguanodon

SPITZE WAFFEN

Pflanzen fressende Dinosaurier
waren ständig auf der Hut vor den
Angriffen Fleisch fressender Räuber.
Ein Iguanodon war weder groß
noch schnell genug, um sich vor
Fressfeinden zu schützen. Dafür
hatte es als Waffe einen dolchartigen
Dorn auf dem Daumen. Wurde das
Iguanodon herausgefordert, stellte
es sich auf die Hinterbeine und
stieß mit seinen Stacheln zu.

MEERESREPTILIEN

Reptilien bevölkerten auch die
Meere. Ichthyosaurus glich einem
Delfin, während Plesiosaurus mit
seinem kleinen Schädel und dem
langen Hals schon eher wie ein
Dinosaurier aussah.

Brachiosaurus

Iguanodon

Hypsilophodon

FLEISCH FRESSENDE DINOS

Einige Pflanzen fressende Dinosaurierarten waren durch einen Panzer aus Knochen gut vor Angriffen geschützt. Der Körper des Sauropelta war außerdem mit Dornen und Stacheln übersät. Dennoch wusste ein angreifender Deinonychus diesen Schutz zu überwinden. Mit seiner gewaltigen gebogenen Zehenklaue riss er die Haut seines Opfers auf.

Deinonychus

Sauropelta

RÄUBERISCHE DINOSAURIER

Fleisch fressende Dinosaurier, so genannte Theropoden, liefen auf den Hinterbeinen, um mit ihren Vorderbeinen Beute zu schlagen. Große Theropoden jagten einzeln, während sich kleinere Arten zu Rudeln zusammenschlossen.

Deinonychus

ENTENSCHNABELDINOSAURIER

Diese Dinosaurier entwickelten sich in der Kreidezeit. Ihre Schnauzen waren breit und platt und erinnerten an den Schnabel einer Ente. Ihre Kiefer waren mit einer Vielzahl kräftiger Zähne ausgestattet. So konnten sie sich von Blättern, Farnen oder Kiefernnadeln ernähren.

Edmontosaurus

Parasaurolophus

HOHLE HAUBEN

Viele Entenschnabeldinosaurier trugen, wie ein Hahn, einen Kamm auf dem Kopf. Der Kamm des Parasaurolophus ragte weit nach hinten über seinen Kopf hinaus. In die hohlen Kämme führten Röhren, die mit Nase und Rachen verbunden waren. Offenbar hatten sie die Funktion, Warnrufe an die anderen Herdenmitglieder lauter und tiefer klingen zu lassen.

Pteranodon

Corythosaurus

Lambeosaurus

DINOSAURIER DER KREIDEZEIT

Zwei der bekanntesten Dinosaurierarten bevölkerten am Ende der Kreidezeit die Erde. Der Pflanzen fressende Triceratops war mit einer breiten Halskrause und mit drei Hörnern auf dem Schädel ausgestattet. Der mächtige Tyrannosaurus zählte zu den wenigen Räubern, die kräftig genug waren, den Triceratops anzugreifen.

Triceratops

Triceratops

Zur Zeit der Dinosaurier lebten bereits die ersten Säugetiere auf der Erde. Es waren kleine Geschöpfe, die ihre Verstecke meist nur nachts verließen, um Nahrung zu suchen.

urzeitliches Säugetier

Während die Dinosaurier das Land beherrschten, eroberten Pterosaurier (Flugsaurier) die Lüfte. Hautlappen zwischen dem Körper und dem vierten Finger bildeten die Flügel. Die meisten Flugsaurier ernährten sich von Fischen, die sie mit ihren langen Schnäbeln packten.

Pteranodon (Pterosaurier)

Tyrannosaurus

TYRANNOSAURUS REX – KÖNIG DER DINOSAURIER

Der bis 15 Meter lange Tyrannosaurus rex war mit seinen mächtigen Beinen und messerscharfen Zähnen einer der größten Räuber unter den Sauriern. Mit den riesigen Krallen überwältigte er seine Beute.

DER UNTERGANG DER DINOSAURIER

Am Ende der Kreidezeit verschwanden die Dinosaurier von der Erde. Warum das so war, weiß man bis heute nicht genau. Doch nicht nur die Dinosaurier starben damals aus. Auch die Flugsaurier und viele Meerestiere fanden ihr Ende. Es ist denkbar, dass sich die Erde für eine bestimmte Zeit in eine öde, kalte Wüste verwandelte, in der nur wenige Tierarten überleben konnten.

Tyrannosaurus

WARUM STARBEN DIE DINOSAURIER AUS?

Viele Wissenschaftler glauben, dass ein riesiger Asteroid aus dem All auf die Erde gestürzt ist. Bei diesem Aufprall sind vermutlich Millionen Tonnen Staub und Gestein in die Atmosphäre gewirbelt worden. Dadurch wurde die Sonne verdeckt und das Klima veränderte sich über viele Jahre hinweg. Die Erde wurde zu einer Eiswüste und für viele Tiere zu einem lebensfeindlichen Ort.

Urzeitliche Vögel und Säuger

Während die Dinosaurier ausstarben, entwickelten sich Vögel und Säugetiere weiter. Die urzeitlichen Arten unterschieden sich aber noch deutlich von den heute lebenden Tieren.

Der flugunfähige Vogel Diatryma lebte vor 60 Millionen Jahren.

Hyracotherium (ein Urzeitpferd)

RIESENVÖGEL

Nach dem Aussterben des Tyrannosaurus übernahmen mächtige flugunfähige Vögel die Rolle des gefährlichen Räubers. Die flinken, drei Meter hohen Tiere erbeuteten kleine Urzeitpferde, die sie in ihren gewaltigen gebogenen Schnäbeln zerquetschten.

DIE SÄUGETIERE SETZEN SICH DURCH

Zur Zeit der Dinosaurier waren die Säugetiere noch kleine mausartige Tiere. Als die Saurier ausstarben, entwickelten sich viele verschiedene Säugetierarten. Dazu gehören die Vorfahren von Pferden, Elefanten, Katzen, Walen, Fledermäusen, Affen – und auch des Menschen.

Chriacus (urzeitlicher Säuger)

Diatryma

URZEITMENSCHEN

Die ersten menschenähnlichen Geschöpfe lebten vor mehr als vier Millionen Jahren in Afrika.
Sie stammten von affenartigen Vorfahren ab. Anders als diese gingen sie jedoch auf zwei Beinen. Nach und nach wurden alle Teile der Erde von Urmenschen besiedelt.

Die ersten Werkzeuge des Menschen waren Klingen aus Stein. Um eine scharfe Bruchkante zu erhalten, wurden zwei Steine gegeneinander geschlagen.

URZEITMENSCHEN

Vor 2,5 Millionen Jahren gab es bereits die ersten Menschen. Sie ähnelten noch stark den Affen und lebten in kleinen Gruppen zusammen. Sie waren bereits in der Lage, einfache Steinwerkzeuge herzustellen. Diese benutzten sie, um Tiere zu jagen und zu häuten.

NEANDERTALER

Vor 400 000 Jahren entwickelte sich der Neandertal-Mensch. Er ist nach dem Tal bei Düsseldorf benannt, in dem erstmals Knochenreste von ihm entdeckt wurden. Neandertaler waren klein und stämmig, hatten eine niedrige, fliehende Stirn und dicke Augenwülste. Sie waren Jäger und Fischer, die ihre Nahrung bereits über dem Feuer brieten, sich Behausungen bauten und ihre Toten begruben. Neandertaler lebten bis vor etwa 30 000 Jahren.

Kältesteppen-mammut in der Falle

jagende Neandertaler

DINOSAURIERFUNDE

Die Dinosaurier sind zwar schon seit 65 Millionen Jahren ausgestorben, aber auch noch heute findet man ihre versteinerten Überreste, die Fossilien. Durch sie haben die Wissenschaftler viel über die Dinosaurier herausgefunden – was sie fraßen, wie schnell sie sich fortbewegten oder wie intelligent sie waren.

Forscher suchen Fossilien in Gesteinsschichten, die sich zu Lebzeiten der Dinosaurier formten. Dabei ist es möglich, dass sie neben Knochen auch versteinerte Eier oder Fußabdrücke entdecken.

AUSGRABUNGEN

Fossilienjäger entfernen zunächst das Oberflächengestein mit Hacken und Schaufeln. In Feinarbeit legen sie mit Klingen und Zahnbürsten die Versteinerung frei. Die Funde werden aufgezeichnet und gut verpackt in Einzelteilen mitgenommen.

EIN FOSSIL ENTSTEHT

Fossilien entstehen, wenn tote Tiere in einer feuchten Sand- oder Schlammschicht versinken. Während sich die Weichteile auflösen, lagern sich chemische Bestandteile des Wassers in Knochen, Zähnen oder Schalen ab. Über Jahrmillionen hinweg versteinern diese Ablagerungen. Zurück bleibt der Abdruck des Tieres als Fossil.

INDEX